VIE
DE
SAINT RAMBERT,

SOLDAT ET MARTYR AU VIIe SIÈCLE,

PATRON DE

SAINT-RAMBERT-L'ILE-BARBE,

PAR

F. Z. COLLOMBET.

LYON.
IMPRIMERIE DE LÉON BOITEL,
QUAI SAINT-ANTOINE, 36.
1851.

I.

DU CULTE DES SAINTS.

L'Eglise catholique croit et enseigne que les Saints, c'est-à-dire les justes qui possèdent l'éternelle félicité, intercèdent et prient pour nous dans le ciel, où ils contemplent Dieu face à face, et sont intimement unis avec lui. Ils connaissent nos besoins, et supplient leur souverain Maître de nous accorder tous les secours qu'ils savent nous être nécessaires. Ce ne sont pas seulement les individus, ce sont encore les empires, les royaumes, les cités, les églises particulières qui ont ainsi de zélés protecteurs devant le trône de Dieu. Si nous pouvons ici-bas prier les uns pour les autres, s'il nous est ordonné de le faire, si nous aimons à nous recommander aux intercessions des âmes pieuses, comment les Saints du Paradis, en qui l'amour du prochain doit être bien plus parfait et plus étendu que dans les justes qui vivent ici-bas, pourraient-ils oublier leurs frères en douleurs, ces membres souffrants de la même Eglise à laquelle ils appartinrent? Si les Saints pouvaient autrefois quelque chose, par leur médiation, lorsqu'ils étaient encore sur la terre, ne doivent-ils pas avoir une bien plus grande puissance, maintenant qu'ils sont plus parfaits, plus rapprochés de Dieu, et que leurs prières sont inspirées par une charité plus ardente?

La religieuse coutume de réclamer le suffrage des Saints auprès de Dieu, est aussi ancienne que l'Eglise elle-même, qui la reconnut toujours comme légitime et salutaire. Nous en avons une preuve éclatante dans le fait même du culte que, dès les temps les plus reculés, elle leur rendit, sous toutes sortes de formes. Les fêtes, les veilles sacrées, les hymnes, les discours, l'oblation du sacrifice eucharistique, où ils étaient et sont encore nommés, afin que Dieu daigne accepter nos prières par leur intercession, les splendides basiliques élevées en leur honneur, l'imposition de leur nom aux enfants dans le baptême : tout prouve la douce union de l'Eglise triomphante et de l'Eglise militante, c'est-à-dire de ceux qui ont vaincu déjà et de ceux qui combattent encore.

Nous savons par les docteurs sacrés qui instruisaient les siècles anciens, par ces vertueux pontifes qu'on nomme si bien les Pères de l'Eglise, nous apprenons des plus imposants d'entre eux quel respect on avait pour la mémoire des Saints. Nous voyons, par l'histoire de l'Eglise, avec quelle pieuse sollicitude on recueillait les cendres des martyrs, avec quels soins religieux on gardait les instruments de leur supplice, les linges imprégnés de leur sang, les objets qui leur avaient appartenu ; avec quelle ardeur on élevait des autels au-dessus des lieux qui enfermaient leurs ossements ; avec quelle attention pieuse on retraçait leur image sur les murs de leurs sanctuaires ; quelle pompe l'on déployait dans les fêtes où se célébrait le souvenir de leurs vertus et de leur triomphe, et où se faisaient les translations des précieux restes de leurs corps.

Le culte que nous rendons aux Saints n'est pas le même que celui qui se rend à Dieu ; le culte des Saints n'est pas une adoration, c'est simplement un culte d'honneur, un culte de pieux et filial servage. Il n'y a qu'une grossière ignorance ou une étrange mauvaise foi qui ait pu accuser l'Eglise catholique d'*idolâtrie*, comme si elle ôtait à Dieu sa grandeur, à Jésus-Christ la force et l'efficacité de sa médiation, son titre de Rédempteur des hommes, et ne se bornait pas à demander seulement aux Saints leur intercession auprès du souverain Maître !

L'Eglise catholique peut se montrer heureuse et fière des solennités décernées à ses Saints. Quoi de plus héroïque et de plus honorable que les justes auxquels nous donnons une place dans notre liturgie, que nous appelons dans nos litanies sacrées, et sous les noms, sous les auspices de qui nous plaçons des temples et des autels, des villes et des villages ? Quelles touchantes fêtes que celles où nous célébrons le souvenir d'un évêque sanctifié sur les lieux mêmes où nous respirons ; d'un bon prêtre qui exerça là ses miséricordes ; d'un martyr qui endura la mort pour la foi de Jésus-Christ, sous le ciel même qui nous abrite ; d'une humble et chaste vierge qui brilla des vertus de son sexe, et qui, jalouse de se conserver intègre à l'époux Sauveur, livra sa tête pour l'Evangile ? Le monde a-t-il de pareilles commémorations pour ses héros et ses idoles ? Rappelle-t-il, à chaque jour de l'année, leurs hauts faits, leurs vertus, s'ils en eurent, la beauté de leur génie, la force de leur bras et de leur épée ? Que signifient ses rares et tristes apothéoses, bien souvent adressées au crime et à l'infamie d'ignobles personnages ; que signifient-elles, en présence des tendres et joyeux anniversaires de l'Eglise, où tout est pur et innocent, où l'on n'a sous les yeux que de bons exemples à suivre ? En vérité, l'Eglise récompense magnifiquement ses Saints, et leur ménage une splendide immortalité.

Et c'est à bon droit, car il n'y a rien eu au monde de plus grand que les Saints. Ils ont triomphé de leurs passions, ils se sont vaincus eux-mêmes ; et, certes, la plus difficile des victoires, c'est celle de l'âme sur le corps, de l'esprit sur la matière. Ils ont fait éclater ce qui relève et ennoblit véritablement l'homme, c'est-à-dire la charité, la mansuétude, la pureté ; ils ont opposé une digue à l'envahissement du mal, et souvent ils ont été broyés par l'injustice et la force brute. Ils ont brillé dans les conditions les plus relevées et les positions les plus humbles, sur le trône et dans la chaumière, à la cour des rois et sous le toit de l'artisan, dans le silence du cloître et dans la bruyante licence des armées ; dans la sublimité de la science et la simplicité de la modestie chrétienne. Toujours et partout, Dieu s'est ménagé des Saints, parce qu'il n'y a d'exclusion pour personne, dans le royaume éternel, et qu'il est possible à la vertu courageuse d'y arriver de tous les points du monde, comme de tous les rangs de la société.

II.

VIE DE SAINT RAMBERT.

Ce que nous venons de dire, on en vit bien la preuve dans la mort d'un brave soldat, qui eut la tête tranchée, et dont le village de Saint-Rambert-l'Ile-Barbe célèbre la fête, au 13 juin de chaque année.

RAGNEBERT, dont le nom a été transformé en celui de RAMBERT, par une altération fréquente dans les langues des peuples, est le héros chrétien que nous voulons rappeler brièvement, après avoir dit en quelques mots, puisqu'il s'agit d'un Saint, ce que c'est que le culte des Saints honorés par l'Église.

RAGNEBERT appartenait à une des plus illustres familles de Franks, qui étaient passés des bords du Rhin dans le pays des Gaules, et firent que l'on donna le nom de France au pays conquis. La dernière syllabe même du mot RAMBERT indique, dans la langue des Franks, une sorte de prééminence. Le duc Radbert, père du jeune seigneur, gouvernait les provinces comprises entre la Seine et la Loire. Placé de bonne heure sous la discipline de maîtres vertueux, saint RAMBERT fit de rapides progrès dans les sciences humaines et dans la piété. Un cœur noble et courageux, un esprit élevé et prompt, une grande adresse au maniement des armes faisaient déjà de lui un militaire distingué, quoiqu'il y eût peu de temps que le glaive était venu remplacer dans ses mains les jouets de l'enfance. Il fut élevé à la Cour, mais cette âme noble et distinguée sut rester pure au milieu des turbulences du monde et des agitations de la vie militaire. Il arriva donc de bonne heure à ce degré de sainteté et de réputation ne manque jamais d'exciter la haine des méchants, les jugements téméraires et les calomnies de ceux qui, n'ayant pas le courage de pratiquer les devoirs qu'impose la religion, se font une triste et inutile gloire de trouver mille défauts dans des hommes qui s'efforcent de se ranger sous la loi de Jésus-Christ. Saint Rambert laissa à Dieu la vengeance de ses ennemis, et se garda bien de répondre jamais à leurs mauvais procédés par des procédés plus odieux.

Un de ces hommes de rien qui montent brusquement aux grandeurs humaines, on ne sait trop par quelle voie, et qui se vengent de leur infériorité d'autrefois par l'audace et le crime, pesait alors de toute sa féroce domination, sur de faibles rois qu'il faisait et défaisait comme en se jouant. Ebroïn régnait, sous le titre de Maire du Palais, et il fallait que tout ce qui gênait sa tyrannie disparût, d'une manière ou de l'autre, pour faire place à son ambition. Les plus grands et les plus vertueux personnages là (le VIIe) furent honorés des persécutions de ce sauvage ministre. Il fit mettre à mort, entre autres pontifes, saint Leodégar (vulgairement saint *Léger*), évêque d'Autun.

Parmi les généreux esprits que révoltait le triomphe du crime, et qui s'affligeaient des malheurs de l'Église et de l'État, saint RAMBERT fut digne d'être remarqué. On le dénonça bientôt à Ebroïn comme un conspirateur qui voulait, avec Bodon et Guiscand, lui ravir un pouvoir dont il usait, il est vrai, d'une manière si indigne. RAMBERT ne daigna pas se justifier auprès d'un scélérat, et il sut ce qu'il en coûte d'aimer la justice. Sa mort fut résolue, mais saint Audoen (vulgairement saint *Ouen*), évêque de Rouen, qui avait gardé quelqu'empire sur Ebroïn, put obtenir un délai. Ebroïn fit donc exiler saint RAMBERT dans cette partie de la Bourgogne connue aujourd'hui sous le nom de Bugey, et le mit sous la garde d'un seigneur nommé Theudofred, qui reçut ensuite des ordres réitérés de lui donner la mort. Ces iniques injonctions ne furent pas exécutées sur le champ, et RAMBERT sanctifia son exil de quelques années, en pleurant les fautes qu'il avait pu commettre jusqu'alors, comme aussi en se préparant à sortir dignement de ce monde, quand il plairait à Dieu de l'appeler. Ebroïn ayant appris que celui qu'il considérait comme son ennemi, vivait encore, chargea deux sicaires d'en finir au plus tôt avec lui. Les envoyés d'Ebroïn se mirent à la poursuite du proscrit, ne tardèrent pas à l'atteindre, et le menèrent dans un endroit appelé Bébronne, où saint Domitien avait élevé un petit oratoire en l'honneur de saint Génésius : c'était sur les bords de la petite rivière de l'Albarine.

Le prisonnier demanda qu'il lui fût permis de faire une courte prière dans la chapelle, mais on lui refusa cette faveur, et il comprit que sa dernière heure était venue. Alors, il pria, au lieu même où il se trouvait, le Dieu témoin de son innocence, le Dieu de la vie et de la mort, puis il dit à ses bourreaux :

« Voilà ! faites ce qui vous est commandé. »

Ils le firent asseoir aussitôt sur une pierre voisine, et l'un d'eux lui arracha la vie d'un rude coup de lance. Saint Rambert fut inhumé sous le portique de l'église, et ensuite dans l'église même, car son tombeau était devenu glorieux. Il fut martyrisé le 13 juin de l'an 680. Les chrétiens qui se pressèrent autour de ses dépouilles sacrées, furent si nombreux, qu'il se forma là un bourg qui prit le nom du héros, et devint *Saint-Rambert*.

Ce territoire dépendit des siècles entiers de l'Église de Lyon, et le culte du saint martyr qu'on y vénérait, se répandit en d'autres endroits de la même province. On en a la preuve dans le bourg de *Saint-Rambert-en-Forez*, et celui de *Saint-Rambert-sur-l'Ile-Barbe*.

Le Sauveur du monde nous dit, en son Évangile, que celui qui donnera sa vie pour l'amour de lui, la retrouvera. Donner sa vie pour quelqu'un, c'est le comble du dévouement et de l'amour. Quand donc un chrétien, poursuivi, persécuté en haine de la religion et de la justice, devient la victime de ses ennemis, la victime pure et résignée, il perd en vue de Dieu une vie qui lui sera rendue ; c'est un martyr, c'est un saint. Et voyez comme s'accomplit la parole de Jésus-Christ, même au point de vue de cette immortalité terrestre, que tant de gens recherchent par la gloire des armes, par l'éclat de la science, et que si peu d'entre eux arrivent à trouver aussi sûrement que saint RAMBERT, le soldat, le martyr de Jésus-Christ !